W0047271

MAJA SÄFSTRÖM

PINGUINE SIND KITZLIG

Aus dem Englischen von Elvira Willems

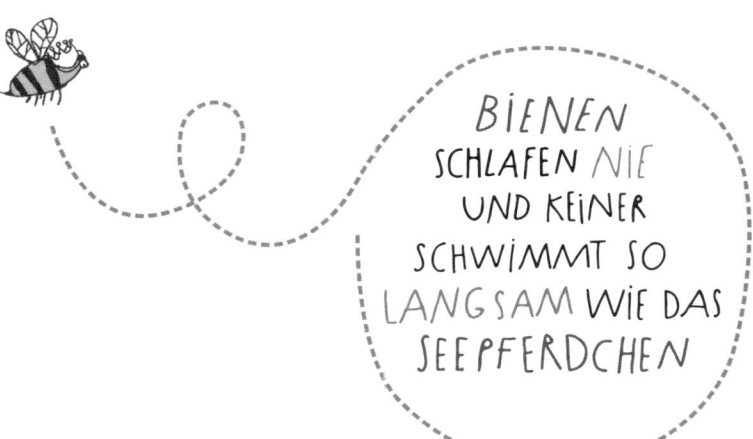

BIENEN SCHLAFEN NIE UND KEINER SCHWIMMT SO LANGSAM WIE DAS SEEPFERDCHEN

VERBLÜFFENDES AUS DER TIERWELT

PENGUIN VERLAG

UND WARUM KOMME ICH NICHT VOR?

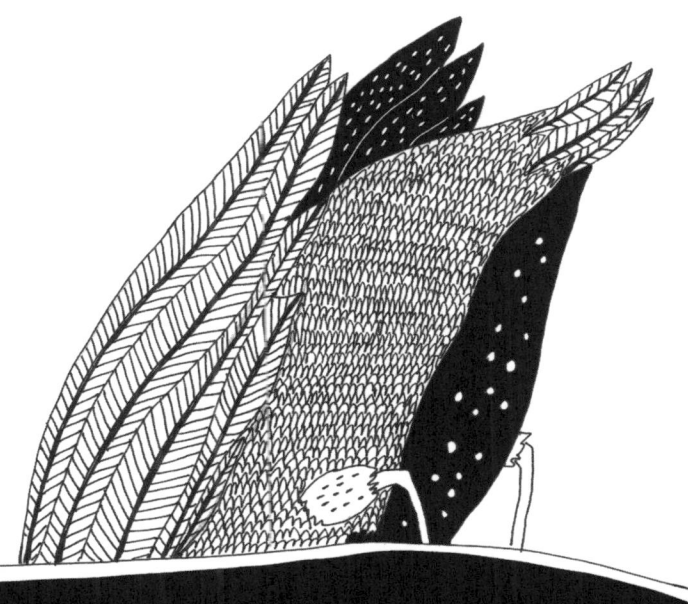

LIEBE LESERIN,
LIEBER LESER,

IN DIESEM BUCH HABE ICH EIN PAAR VON MEINEN
LIEBLINGSTIEREN GEZEICHNET UND EINIGE ERSTAUN-
LICHE FAKTEN ÜBER SIE ZUSAMMENGETRAGEN, DIE ICH
IHNEN NICHT VORENTHALTEN MÖCHTE.

DIESE FAKTEN SIND NUR EIN WINZIGER AUSSCHNITT
AUS DEN VIELEN VERRÜCKTEN, FANTASTISCHEN
UND INTERESSANTEN DINGEN, DIE TIERE SO
BESONDERS MACHEN.

ICH HOFFE, SIE HABEN SPASS MIT DEM BUCH,
LERNEN ETWAS NEUES
UND WERDEN AN DIE FASZINIERENDE
SCHÖNHEIT DER TIERWELT ERINNERT.

EULEN KÖNNEN DEN KOPF
FAST GANZ IM KREIS DREHEN,
BIS ZU 270 GRAD

- ABER DIE AUGEN KÖNNEN
SIE NICHT BEWEGEN!

EULEN HABEN DREI AUGENLIDER: EINES ZUM BLINZELN, EINES ZUM SCHLAFEN UND EINES, UM DIE AUGEN ZU REINIGEN!

9.

ORANGE

BIBER HABEN ORANGEFARBENE ZÄHNE, DIE IHR GANZES LEBEN LANG WACHSEN.

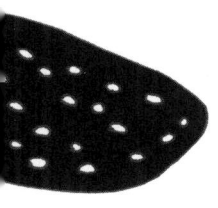

SEEPFERDCHEN
SIND DIE
LANGSAMSTEN
FISCHE DER WELT!

BEI DEN SEEPFERDCHEN
WERDEN DIE MÄNNCHEN
TRÄCHTIG.

SIE LEBEN IN PAAREN
UND SCHWIMMEN MIT
INEINANDERGEHAKTEN
SCHWÄNZEN NEBEN-
EINANDERHER!

13.

UNTER DEM
SCHWARZEN FELL
IST DIE HAUT DER
PANDAS
SCHWARZ UND UNTER
DEM WEISSEN FELL
ROSA.

PANDAS ERNÄHREN SICH FAST
AUSSCHLIESSLICH VON BAMBUS,
ABER SIE KÖNNEN AUCH FLEISCH
VERDAUEN.

SIE MÜSSEN BIS
ZU 45 KILOGRAMM
BAMBUS AM TAG FRESSEN,
UM GENÜGEND
NÄHRSTOFFE ZU
BEKOMMEN!!

15.

ES GIBT
SCHMETTERLINGSARTEN
MIT EINER FLÜGELSPANNWEITE
VON BIS ZU 30 ZENTIMETERN.

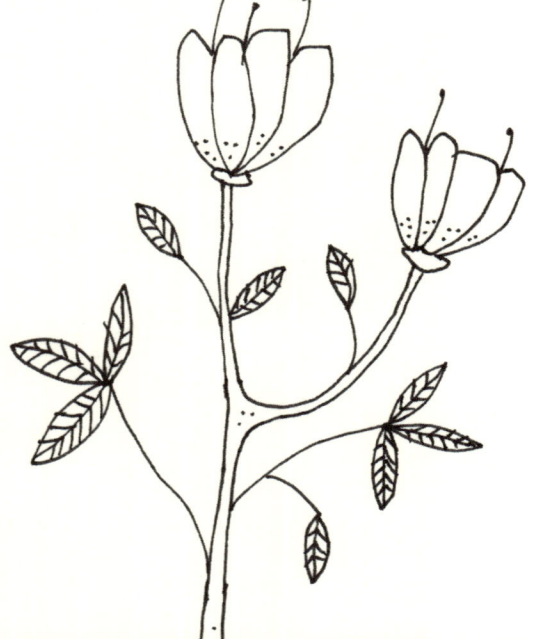

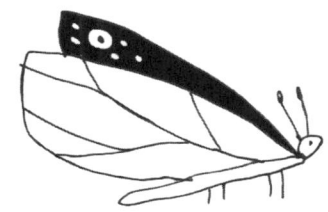

EINIGE
SCHMETTERLINGE
NEHMEN ALS ERWACHSENE KEINE
NAHRUNG ZU SICH, DENN SIE
HABEN KEINEN MUND ...

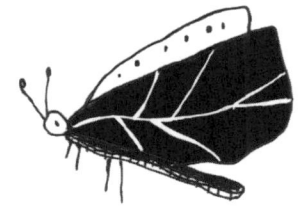

... SIE MÜSSEN ALLEIN VON
DEN ENERGIEVORRÄTEN LEBEN,
DIE SIE ALS RAUPEN ANGELEGT
HABEN!

KÄNGURUS
KÖNNEN NICHT
RÜCKWÄRTS GEHEN.

EIGENTLICH GEHEN
SIE NIE. SIE BEWEGEN
SICH SPRINGEND
VORWÄRTS.

EIN KÄNGURU IST BEI DER GEBURT
NICHT GRÖSSER ALS EINE KIDNEYBOHNE.

KROKODILE KÖNNEN
DREI _JAHRE_ OHNE NAHRUNG
AUSKOMMEN!!

DIE STEINE SORGEN AUCH
DAFÜR, DASS SIE NICHT SO SCHNELL
WIEDER HUNGER KRIEGEN, UND HELFEN
IHNEN, TIEFER ZU TAUCHEN.

GÜRTELTIERE SIND NAHEZU BLIND UND TAUB, HABEN ABER EINEN FANTASTISCHEN GERUCHSSINN.

ES GIBT AUCH EINE
ROSAFARBENE
GÜRTELTIER-ART.

SIE HEISST GÜRTELMULL.

NEUNBINDEN-GÜRTELTIERE
BRINGEN IMMER* VIER
IDENTISCHE JUNGE ZUR WELT.

*FAST IMMER!

23.

RABEN KÖNNEN
LAUTE NACHMACHEN,
GENAU WIE PAPAGEIEN!

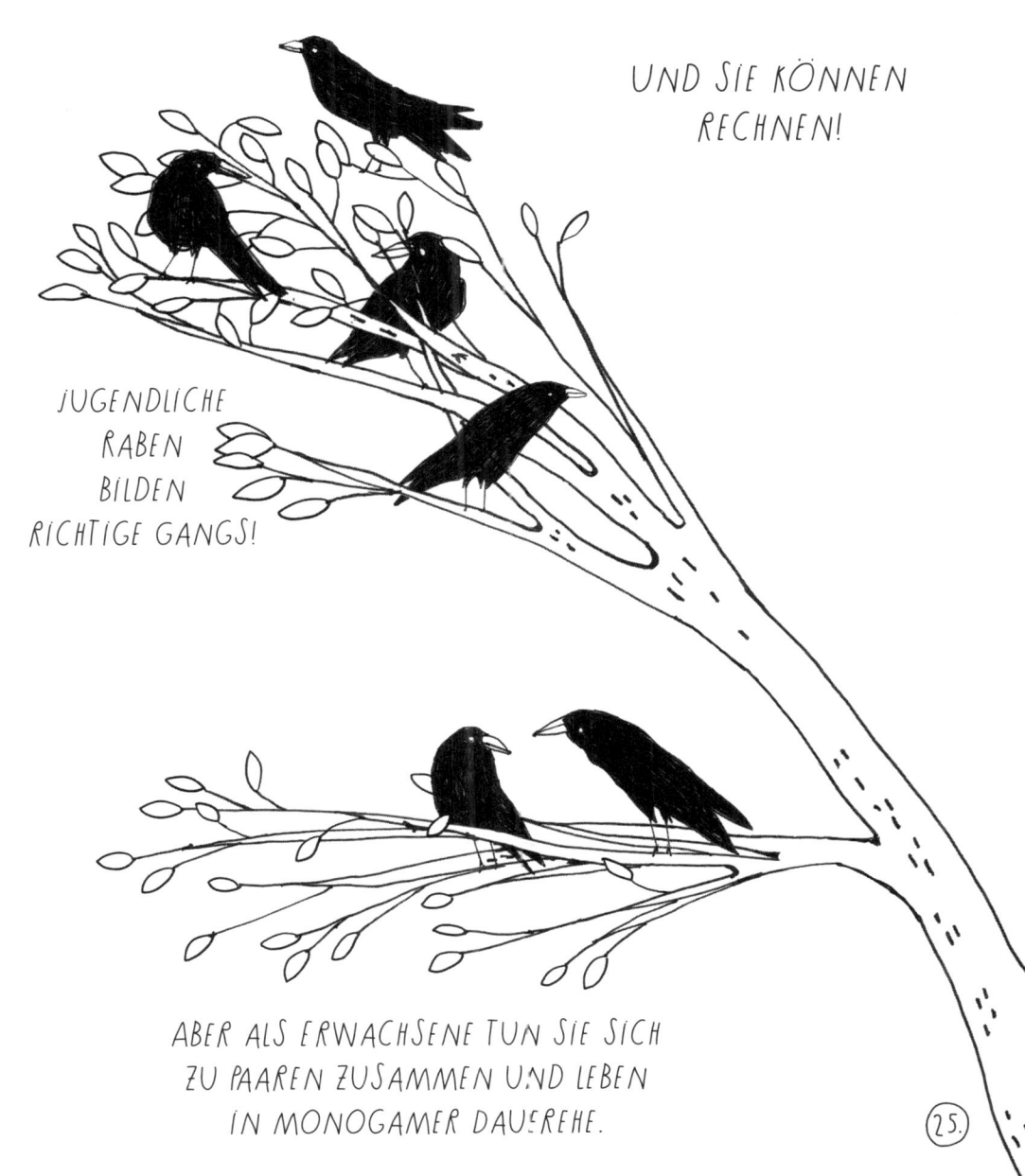

UND SIE KÖNNEN
RECHNEN!

JUGENDLICHE
RABEN
BILDEN
RICHTIGE GANGS!

ABER ALS ERWACHSENE TUN SIE SICH
ZU PAAREN ZUSAMMEN UND LEBEN
IN MONOGAMER DAUEREHE.

25.

STECHMÜCKEN
BEISSEN MENSCHEN NICHT
NUR - SIE PIESELN AUCH AUF SIE!

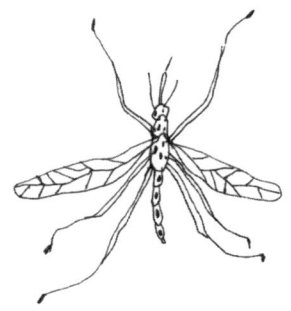

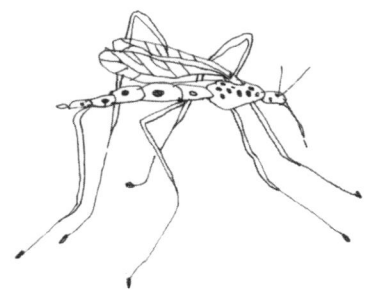

NUR MOSKITOWEIBCHEN
SAUGEN BLUT.
DIE MÄNNCHEN
ERNÄHREN SICH VON
BLÜTENNEKTAR!

27.

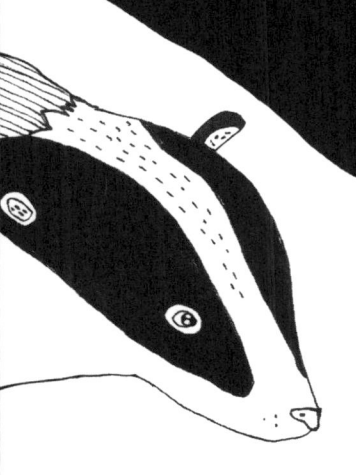

DACHSE GRABEN TOLLE UNTER-IRDISCHE HÖHLEN, DIE BIS ZU <u>50</u> AUS-GÄNGE (!) HABEN KÖNNEN UND MEHREREN DACHSFAMILIEN UNTERSCHLUPF BIETEN!

SEEOTTER

HALTEN EINANDER BEIM SCHLAFEN
IM WASSER AN DER HAND,
DAMIT SIE NICHT AUSEINANDERTREIBEN!

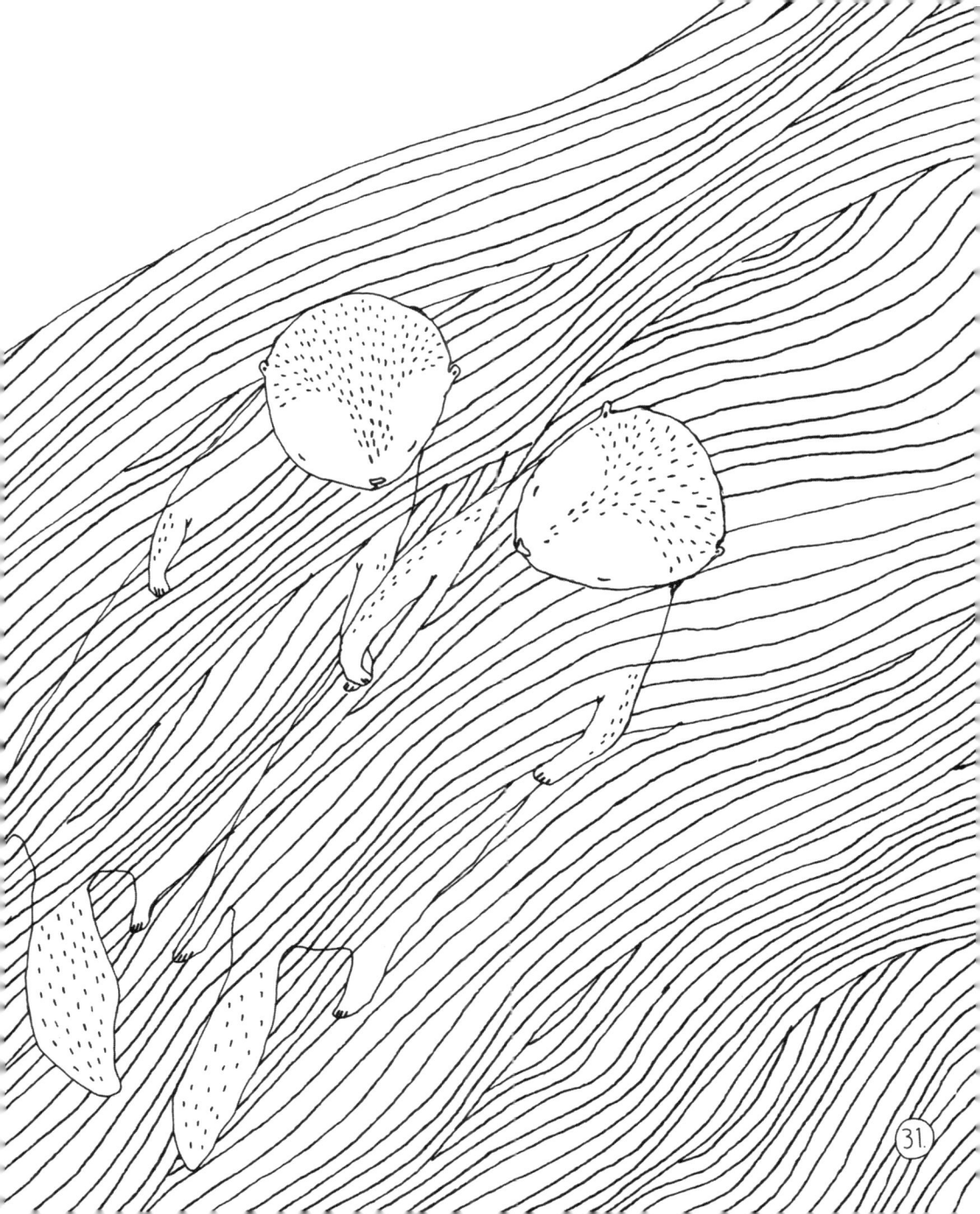

KIWIS KÖNNEN
NICHT FLIEGEN.
(SIE BESITZEN FLÜGEL,
ABER DIE SIND
WINZIG.)

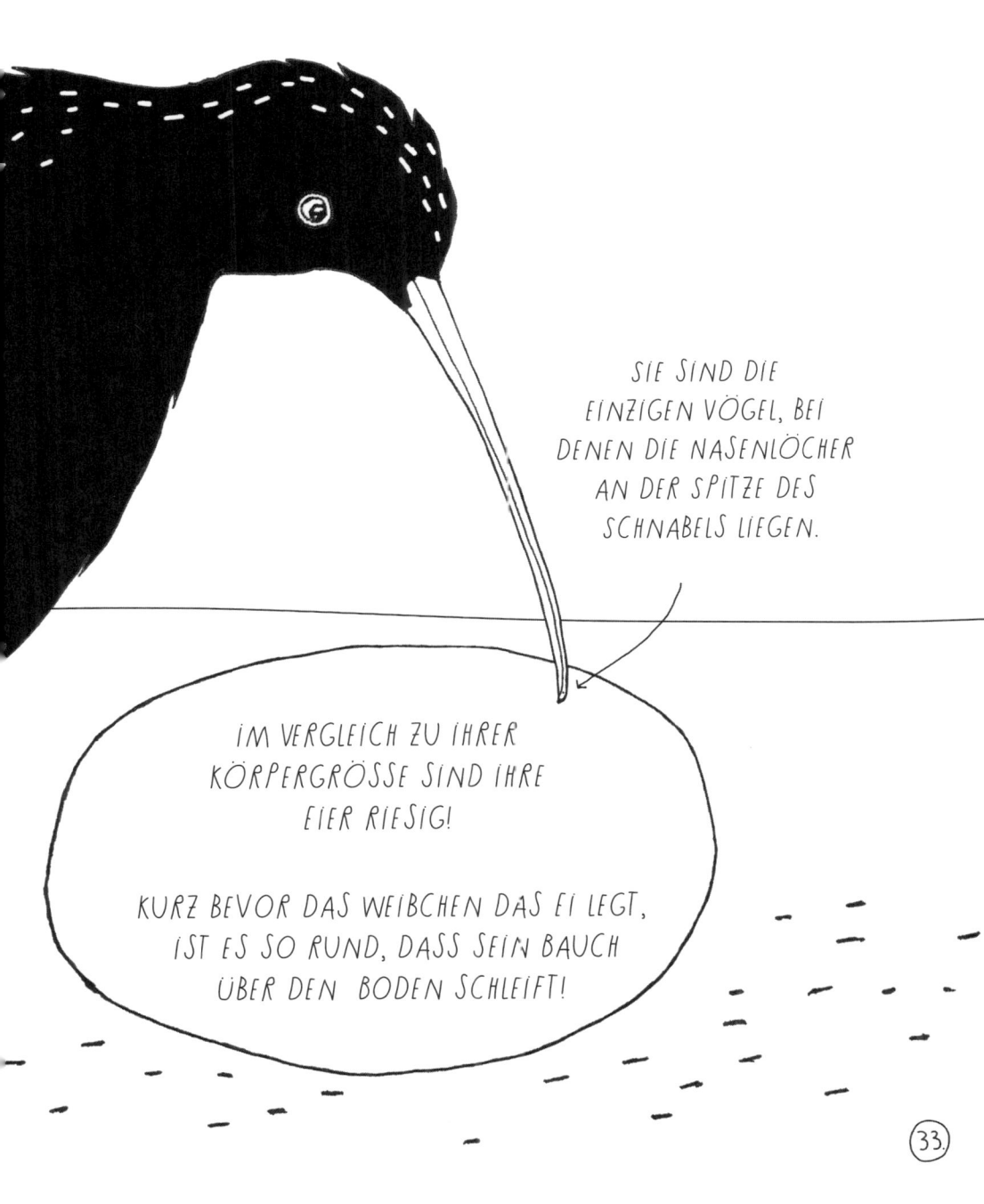

SIE SIND DIE EINZIGEN VÖGEL, BEI DENEN DIE NASENLÖCHER AN DER SPITZE DES SCHNABELS LIEGEN.

IM VERGLEICH ZU IHRER KÖRPERGRÖSSE SIND IHRE EIER RIESIG!

KURZ BEVOR DAS WEIBCHEN DAS EI LEGT, IST ES SO RUND, DASS SEIN BAUCH ÜBER DEN BODEN SCHLEIFT!

WENN EINER **SCHNECKE**
DAS WETTER NICHT GEFÄLLT, ZIEHT
SIE SICH IN IHR HAUS ZURÜCK
UND GEHT IN WINTERSTARRE,
BIS ES BESSER WIRD.

BIS ZU DREI
JAHRE!!!

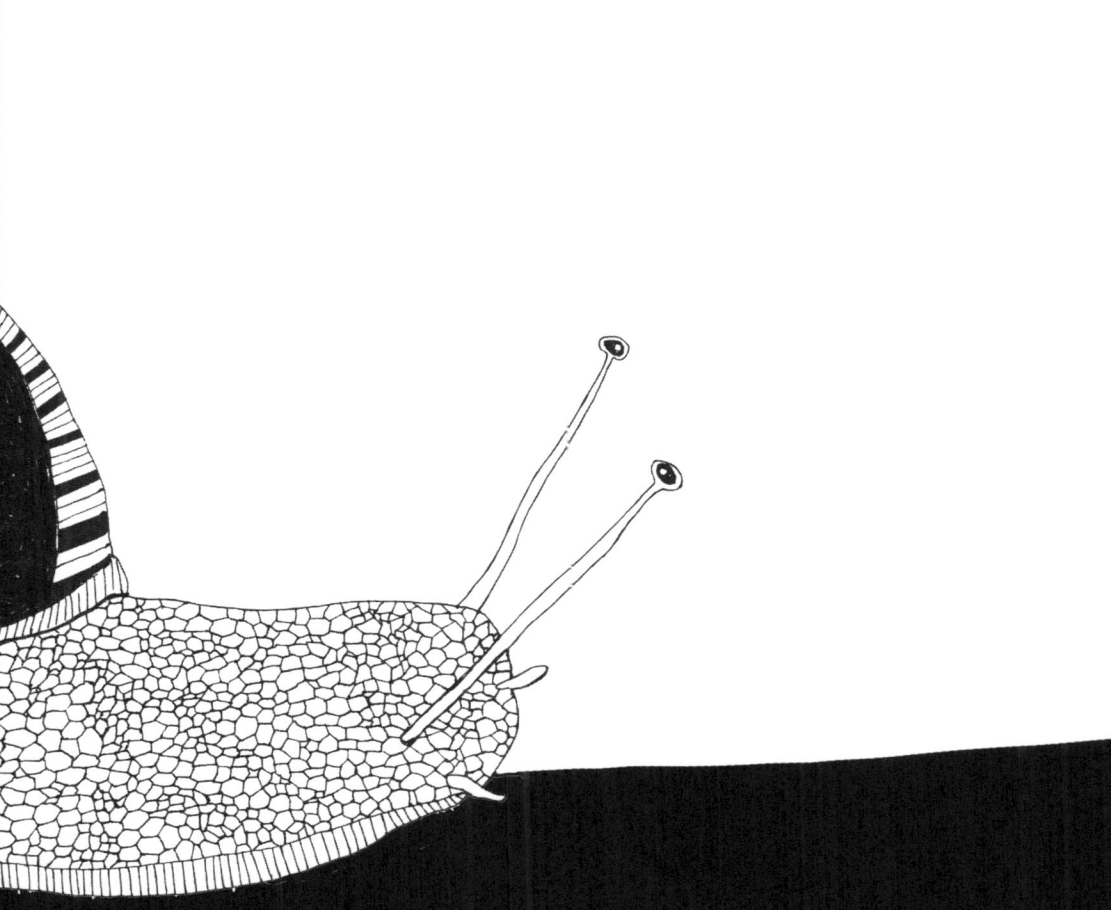

TINTENFISCHE

BESITZEN
MEHR
HIRNZELLEN
ALS MENSCHEN.

SIE KÖNNEN MIT IHREN
TENTAKELN RIECHEN
UND SCHMECKEN.

UND
SIE BENUTZEN
WERKZEUG!

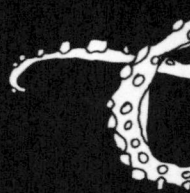

SIE HABEN
DREI HERZEN!

DIE MEISTEN NEURONEN
BEFINDEN SICH
IN DEN ARMEN
=
IHRE ARME HABEN EINEN
EIGENEN WILLEN!!

STRAUSSE
KÖNNEN SCHNELLER
LAUFEN ALS PFERDE!

ABER SIE KÖNNEN
NICHT RÜCKWÄRTS
GEHEN.

BEI DEN STRAUSSEN IST DAS AUGE GRÖSSER ALS DAS GEHIRN!!

EIN **ELCH**
SPÜRT, WENN
EINE FLIEGE AUF
SEINEM GEWEIH LANDET!

UND SIE KOTZEN AUF IHR
(EUER) ESSEN, BEVOR SIE
ES VERSPEISEN.

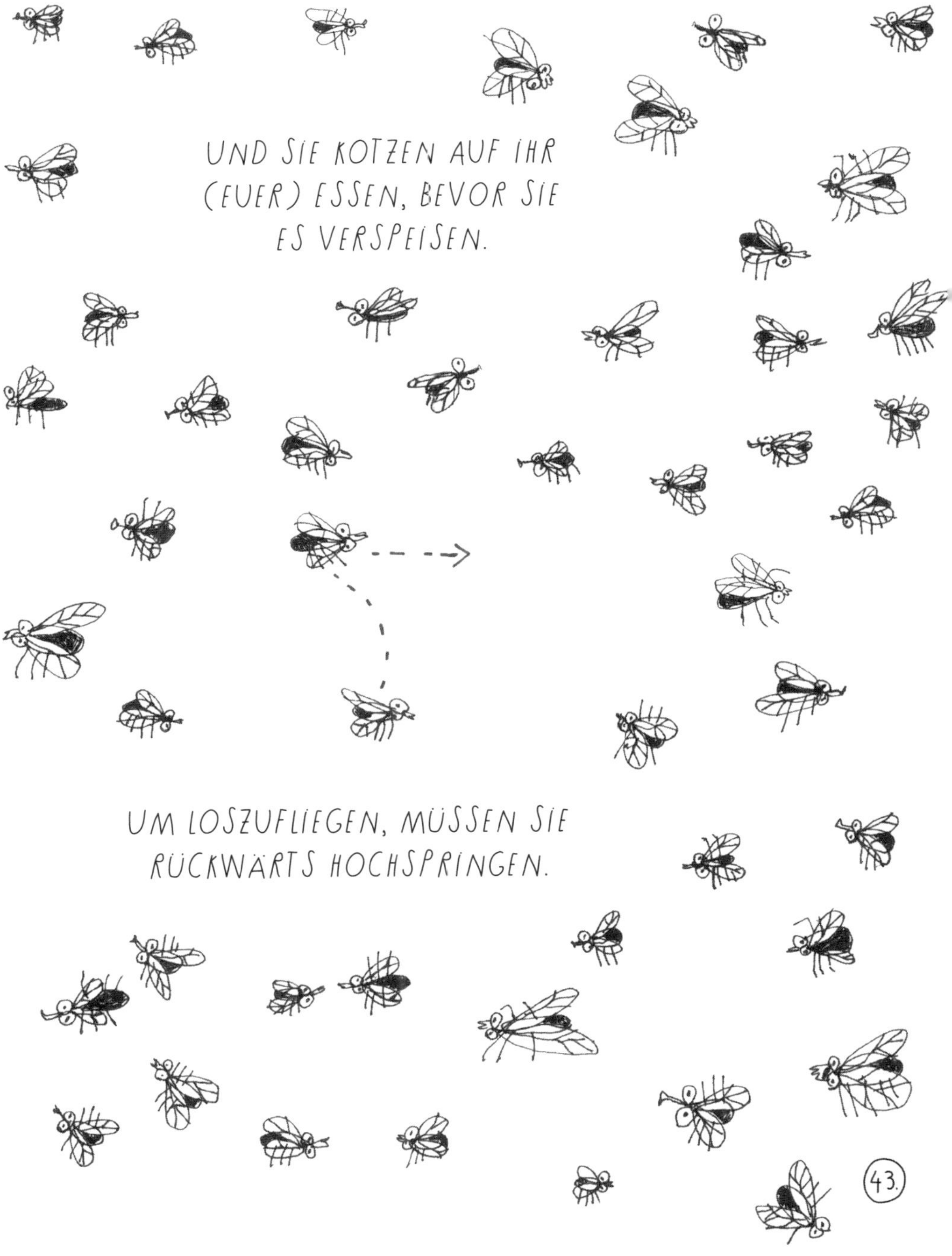

UM LOSZUFLIEGEN, MÜSSEN SIE
RÜCKWÄRTS HOCHSPRINGEN.

SCHILDKRÖTEN

KÖNNEN ÜBER
150 JAHRE ALT
WERDEN.

LANDSCHILDKRÖTE

DER SCHILDKRÖTENPANZER
BESTEHT AUS ÜBER
60 VERSCHIEDENEN KNOCHEN,
DIE ALLE MITEINANDER
VERBUNDEN SIND.

SCHILDKRÖTEN KÖNNEN
DURCH DEN PANZER FÜHLEN!

DIE CHINESISCHE LEDERSCHILDKRÖTE
PIESELT DURCH DEN MUND!

MEERESSCHILDKRÖTE

KOLIBRIS

FLATTERN BIS ZU 200 MAL IN
DER SEKUNDE MIT DEN FLÜGELN!!!

DAFÜR BRAUCHEN SIE
SO VIEL ENERGIE, DASS
SIE JEDEN TAG BIS
ZUM 8-FACHEN IHRES
KÖRPERGEWICHTS AN
NAHRUNG ZU SICH
NEHMEN MÜSSEN.

IHRE EIER
SIND SO KLEIN
WIE ERBSEN.

SIE SIND DIE EINZIGEN VÖGEL, DIE
RÜCKWÄRTS FLIEGEN KÖNNEN.

UND IHRE FÜSSE
SIND SO WINZIG,
DASS SIE DAMIT
NICHT AUF DEM
BODEN LAUFEN
KÖNNEN!

DER LÄNGSTE
REKORDSPRUNG EINES

FROSCHES

GING ÜBER
14 METER!

FROSCHVÄTER BE-
SCHÜTZEN IHRE
BABYS, INDEM SIE SIE
INS MAUL NEHMEN!

WALDFRÖSCHE KÖNNEN
IM WINTER VOLLSTÄNDIG
DURCHFRIEREN.

MIR
GEHT'S GUT!

IM NÄCHSTEN FRÜHLING
TAUEN SIE WIEDER AUF UND
ALLES IST GUT!!

49.

KAISERPINGUINMÄNNCHEN
PASSEN ZWEI MONATE LANG
AUF DIE EIER AUF, OHNE
ZU FRESSEN, WÄHREND
DIE WEIBCHEN AUF
NAHRUNGSSUCHE GEHEN.

PINGUINE
KÖNNEN NICHT
FLIEGEN.

ABER SIE KÖNNEN
FAST 2 METER AUS DEM
WASSER SPRINGEN.

PINGUINE LACHEN,
WENN SIE GEKITZELT
WERDEN!

DIE EXKREMENTE
VON PINGUINEN SIND IN
MANCHEN GEGENDEN DER
ANTARKTIS SOGAR VOM
WELTRAUM AUS ZU
ERKENNEN.

ES GIBT AUCH
PINGUINE IN
AFRIKA!

(UND IN AUSTRALIEN,
SÜDAMERIKA
UND NEUSEELAND!)

DAS HERZ EINER
MAUS
SCHLÄGT BIS
ZU 750 MAL PRO MINUTE.

MÄUSE KÖNNEN DURCH LÖCHER SCHLÜPFEN, DIE SO KLEIN SIND, DASS MAN GERADE MAL EINEN BLEISTIFT REINSTECKEN KANN.

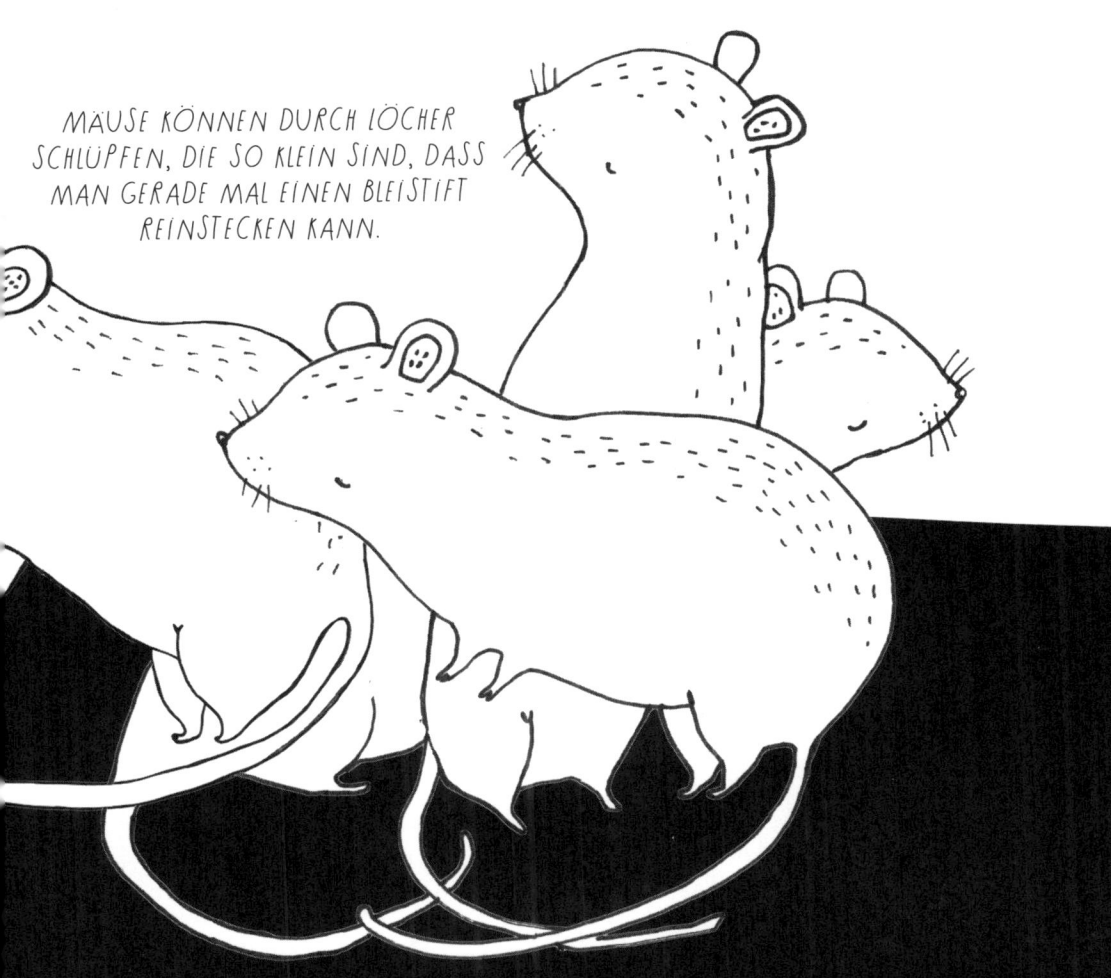

MAUERSEGLER
VERBRINGEN DEN GRÖSSTEN TEIL
IHRES LEBENS IN DER LUFT.

SIE KÖNNEN ÜBER <u>SECHS MONATE</u>
UNUNTERBROCHEN FLIEGEN!!!

DABEI FRESSEN SIE
IN DER LUFT,
RUHEN SICH AUS UND
VERPAAREN SICH!

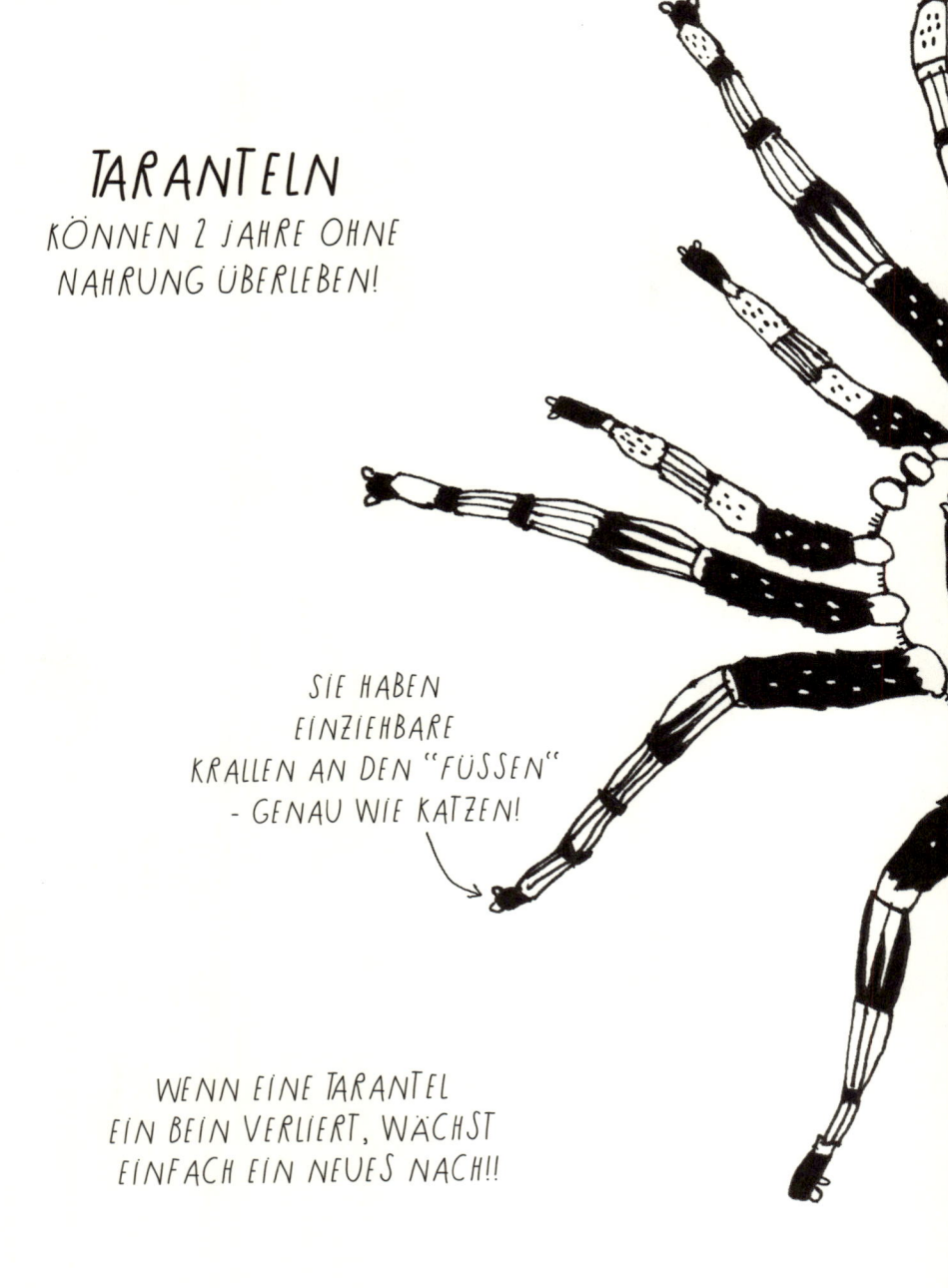

TARANTELN
KÖNNEN 2 JAHRE OHNE
NAHRUNG ÜBERLEBEN!

SIE HABEN
EINZIEHBARE
KRALLEN AN DEN "FÜSSEN"
- GENAU WIE KATZEN!

WENN EINE TARANTEL
EIN BEIN VERLIERT, WÄCHST
EINFACH EIN NEUES NACH!!

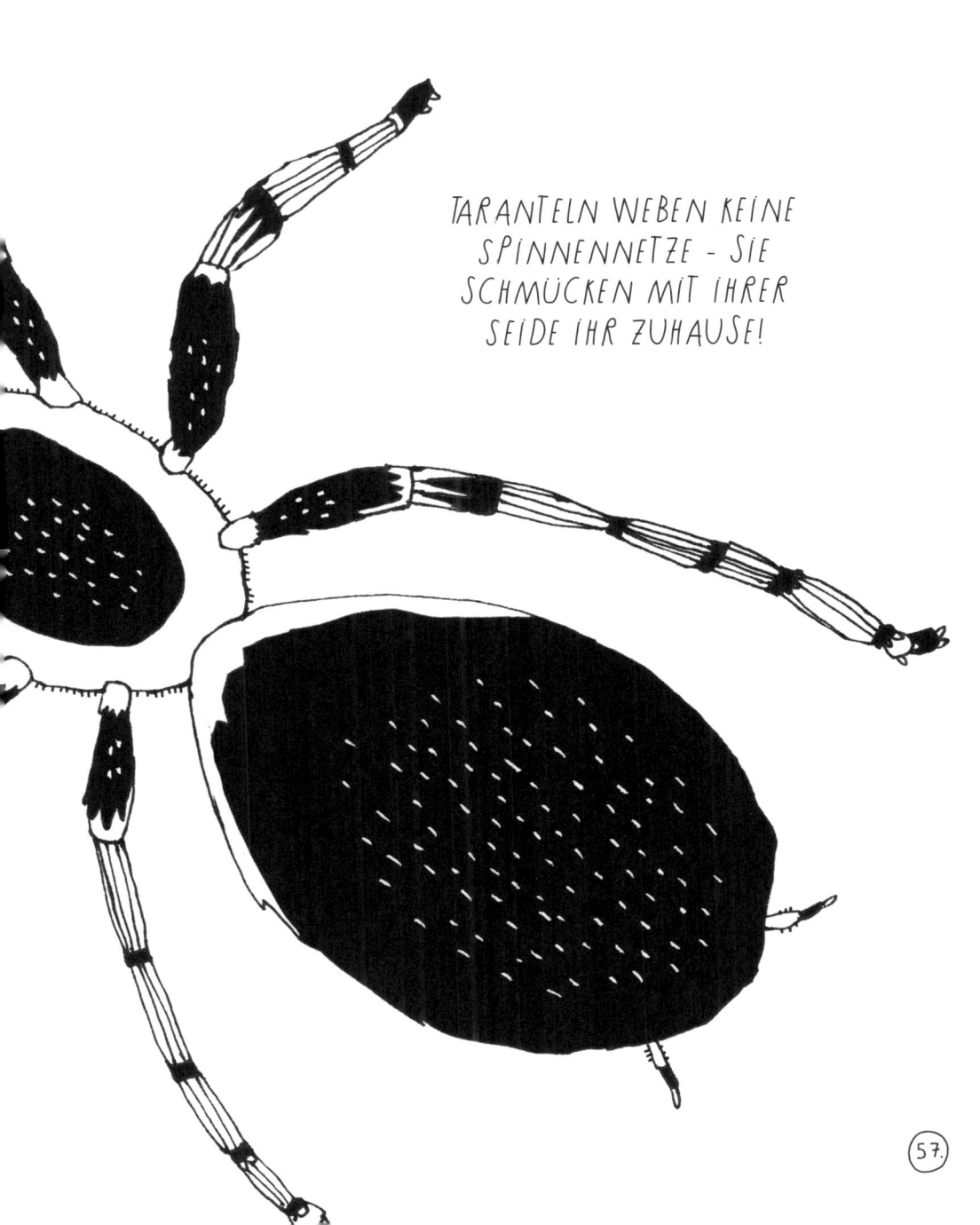

TARANTELN WEBEN KEINE
SPINNENNETZE - SIE
SCHMÜCKEN MIT IHRER
SEIDE IHR ZUHAUSE!

ZEBRAS
HABEN SCHWARZES FELL
MIT WEISSEN STREIFEN,
NICHT UMGEKEHRT!

ALLE CLOWNFiSCHE WERDEN ALS MÄNNCHEN GEBOREN.

WENN DAS WEIBCHEN
EINER HAREMSGRUPPE STiRBT,
WiRD DAS GRÖSSTE MANN-
CHEN ZUM WEIBCHEN, UM
SEINEN PLATZ EINZUNEHMEN!

AMEISEN

HABEN KEINE LUNGE!

SIE TREIBEN
BLATTLÄUSE
ZUSAMMEN UND
TRINKEN DIE
ZUCKERLÖSUNG,
DIE DIESE
AUSSCHEIDEN.

AMEISEN SIND ABGESEHEN VOM
MENSCHEN DIE EINZIGEN TIERE,
DIE ANDERE TIERE ZÜCHTEN!

AUF JEDEN MENSCHEN
AUF DIESEM PLANETEN KOMMEN
1 MILLION AMEISEN ...

AMEISENKÖNIGINNEN
WERDEN BIS
ZU 30 JAHRE ALT!

AMEISEN VERNEIGEN SICH,
WENN SIE EINANDER GRÜSSEN!

GROSSE AMEISENBÄREN

FRESSEN JEDEN TAG RUND
30.000 AMEISEN UND TERMITEN!

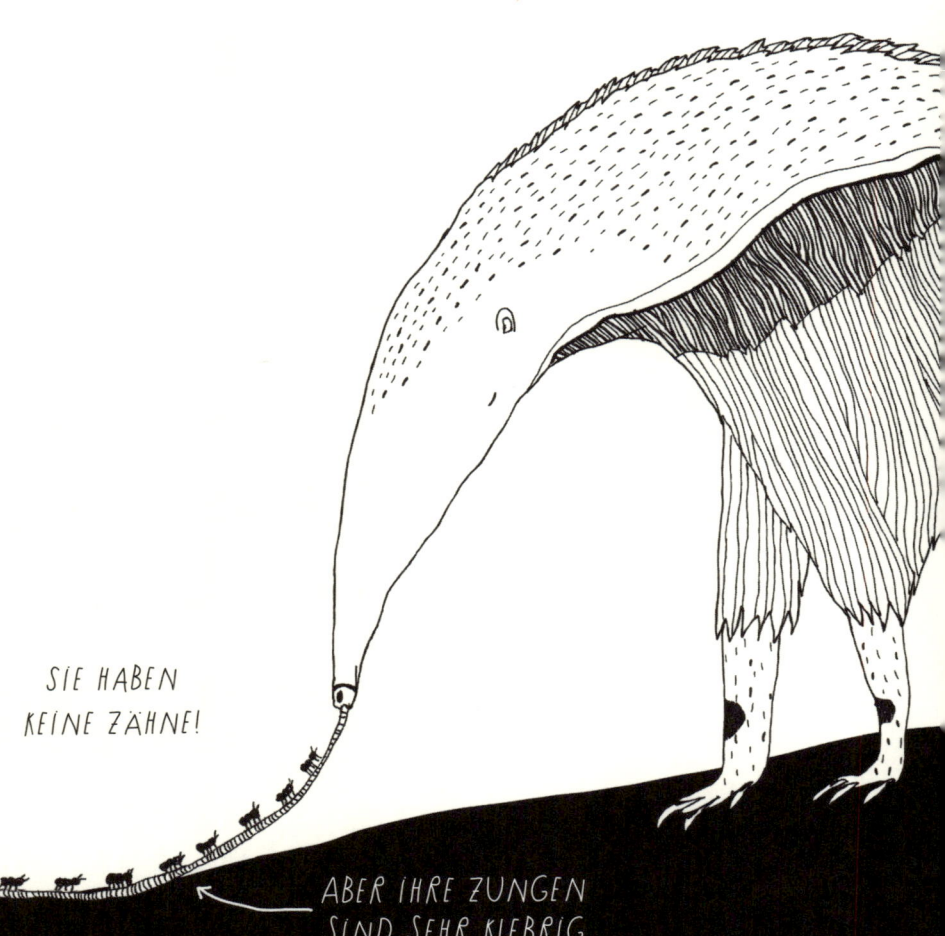

SIE HABEN
KEINE ZÄHNE!

ABER IHRE ZUNGEN
SIND SEHR KLEBRIG

UND BIS ZU
60 ZENTIMETER LANG!

AMEISENBÄRENJUNGE REITEN NACH DER GEBURT EIN GANZES JAHR LANG AUF DEM RÜCKEN IHRER MÜTTER.

ES IST **SCHWEINEN** AUFGRUND IHRES KÖRPERBAUS NICHT MÖGLICH, IN DEN HIMMEL ZU BLICKEN.

WENN **BLAUWALE**
SCHLAFEN, DANN IST ABWECH-
SELND IMMER IHR HALBES GEHIRN
ABGESCHALTET

SONST WÜRDEN
SIE VERGESSEN, AN DIE
WASSEROBERFLÄCHE
ZU KOMMEN UND ZU ATMEN UND
WÜRDEN ERTRINKEN!!

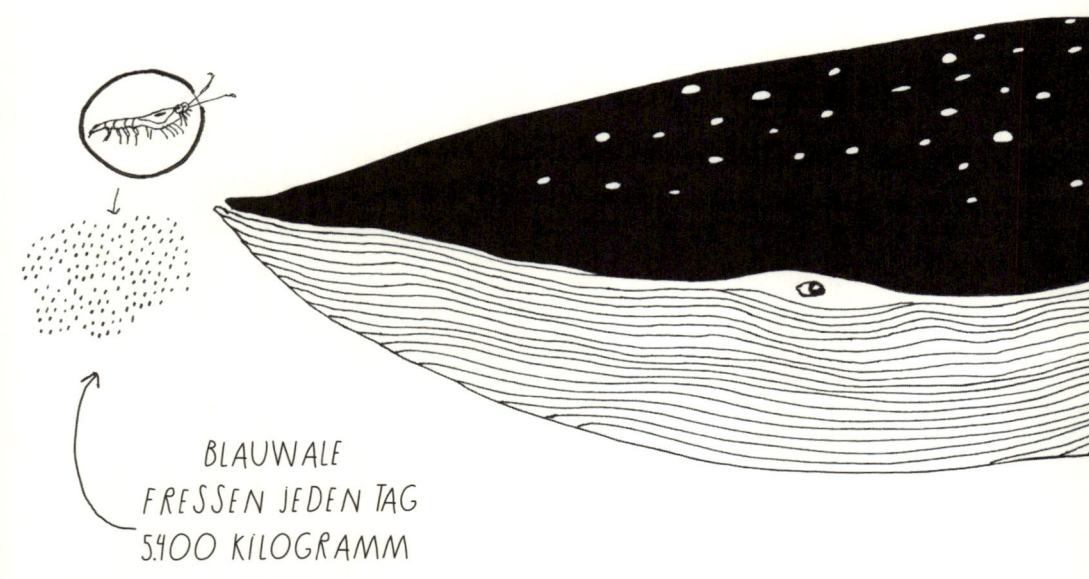

BLAUWALE
FRESSEN JEDEN TAG
5.400 KILOGRAMM
KRILL!

DAS HERZ EINES
BLAUWALS IST SO GROSS
WIE EIN AUTO!

SIE HABEN
BAUCHNABEL!

TAPIR-JUNGE
SEHEN SO AUS!
ECHT.

TAPIRE SCHWIMMEN
UNGLAUBLICH GERN, UND IHRE
LANGEN, BIEGSAMEN NASEN
KÖNNEN SIE IM WASSER
ALS SCHNORCHEL
BENUTZEN!!

71.

GIRAFFEN
HABEN SEHR
LANGE HÄLSE,
UM AN DIE ÄSTE GANZ
OBEN ZU GELANGEN.

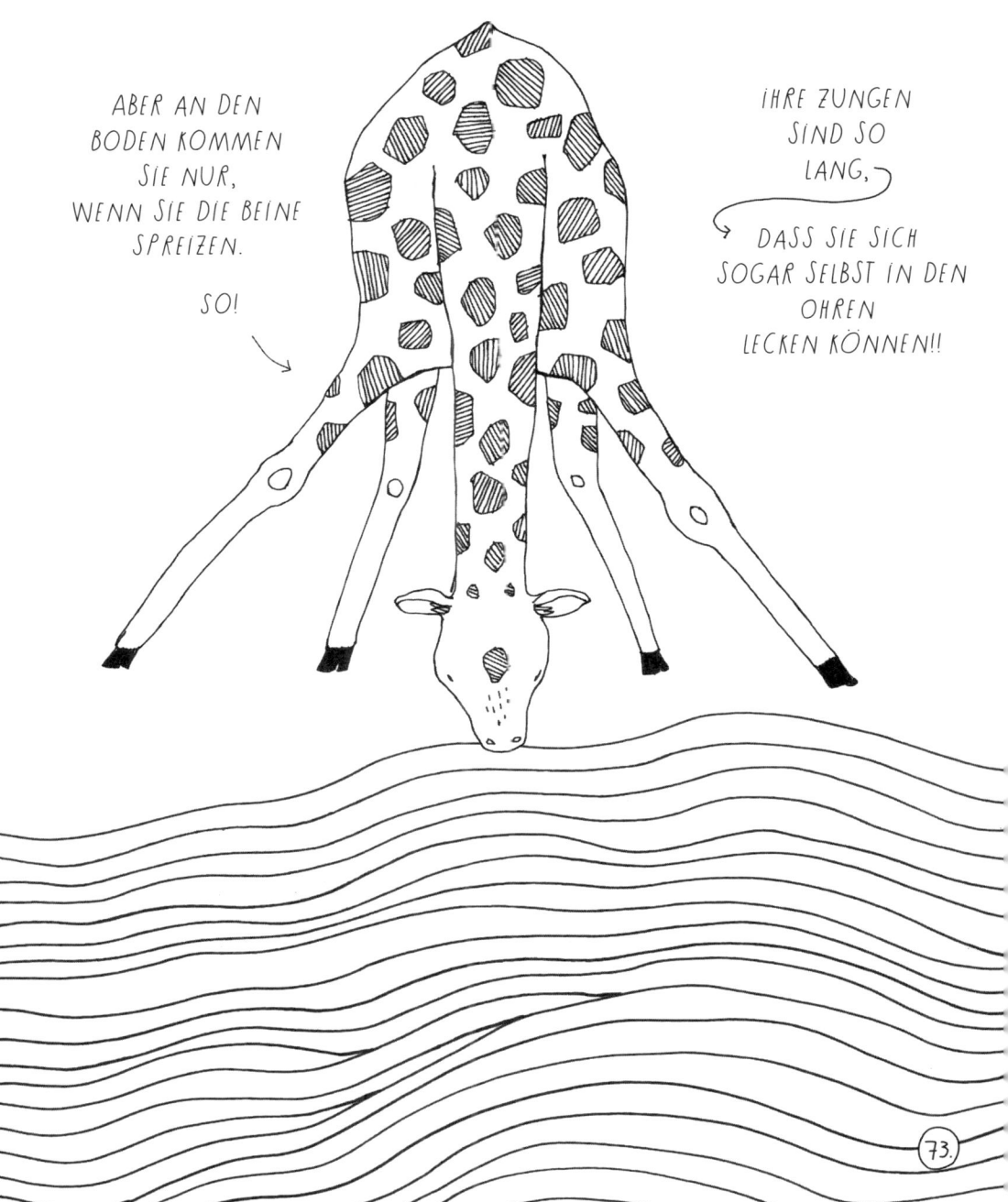

ABER AN DEN
BODEN KOMMEN
SIE NUR,
WENN SIE DIE BEINE
SPREIZEN.

SO!

IHRE ZUNGEN
SIND SO
LANG,

DASS SIE SICH
SOGAR SELBST IN DEN
OHREN
LECKEN KÖNNEN!!

ROBBEN KÖNNEN
IM WASSER SCHLAFEN.

CHAMÄLEONS

KÖNNEN DIE AUGEN EINZELN
BEWEGEN - UND IN ZWEI VER-
SCHIEDENE RICHTUNGEN
GLEICHZEITIG GUCKEN!

DIE ZUNGE EINES
CHAMÄLEONS KANN SO
LANG SEIN WIE
SEIN KÖRPER!

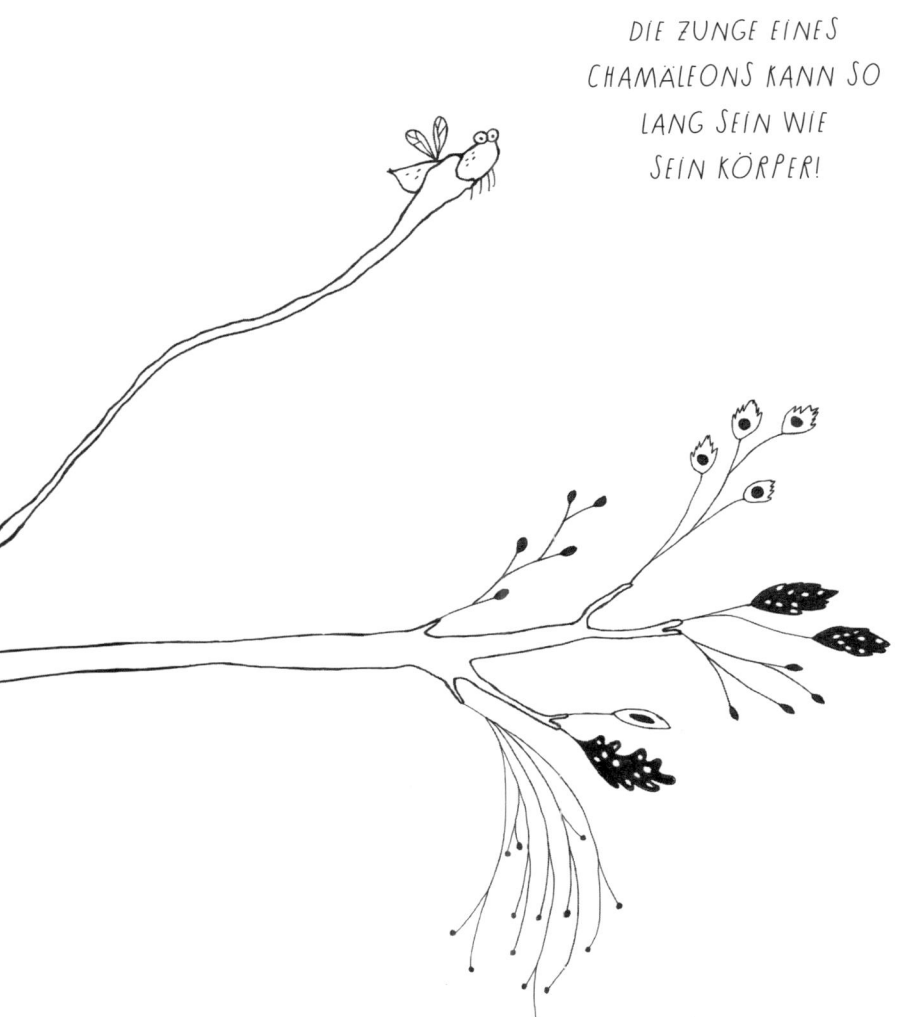

LÖWENWEIBCHEN
SIND FÜR DIE JAGD
VERANTWORTLICH.

UND LÖWENMÄNNCHEN
SCHLAFEN BIS ZU
20 STUNDEN AM TAG.

ZIEGEN

HABEN UNTERSCHIEDLICHE
AKZENTE, JE
NACHDEM WOHER
SIE KOMMEN!

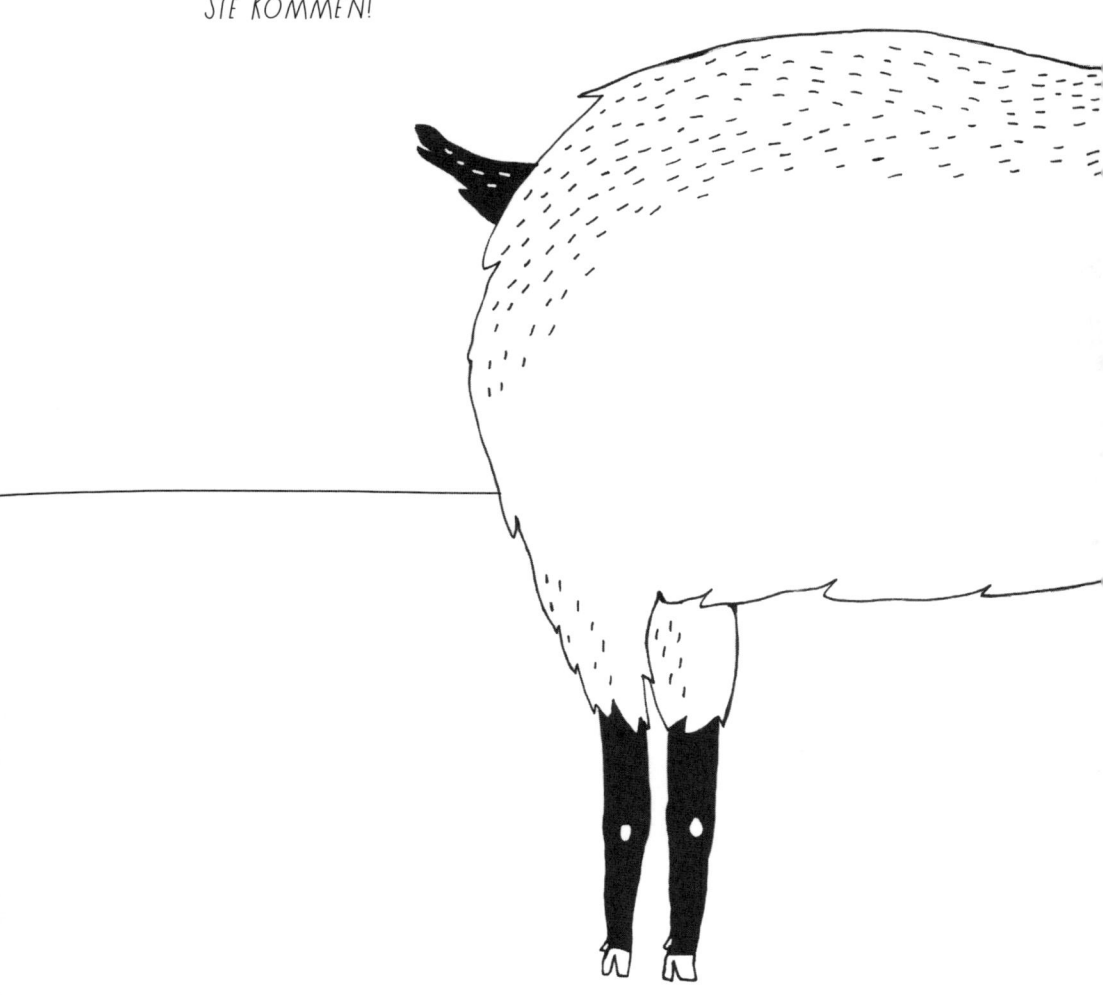

SIE HABEN
RECHTECKIGE PUPILLEN!

ZIEGENMÄNNCHEN
PIESELN SICH SELBST
AUF DEN KOPF, UM
FÜR WEIBCHEN
ATTRAKTIVER ZU SEIN ...

SCHLANGEN

KÖNNEN BEUTE VER-
SCHLINGEN, DIE GRÖSSER
IST ALS IHR KOPF!

DIE MEISTEN SCHLANGEN LEGEN
EIER, ABER EINIGE
ARTEN BRINGEN IHREN
NACHWUCHS LEBEND ZUR
WELT - BIS ZU 60 SCHLANGEN-
BABYS AUF EINMAL!

DER KOPF DES
TRUTHAHNS
KANN DIE FARBE WECHSELN
- ROT, WEISS ODER BLAU,
JE NACH STIMMUNG.

ELEFANTEN-
MÜTTER HABEN
EINE TRAGZEIT VON
FAST 2 JAHREN.

ELEFANTEN-
JUNGE NUCKELN
ZUM TROST
AM EIGENEN
RÜSSEL!

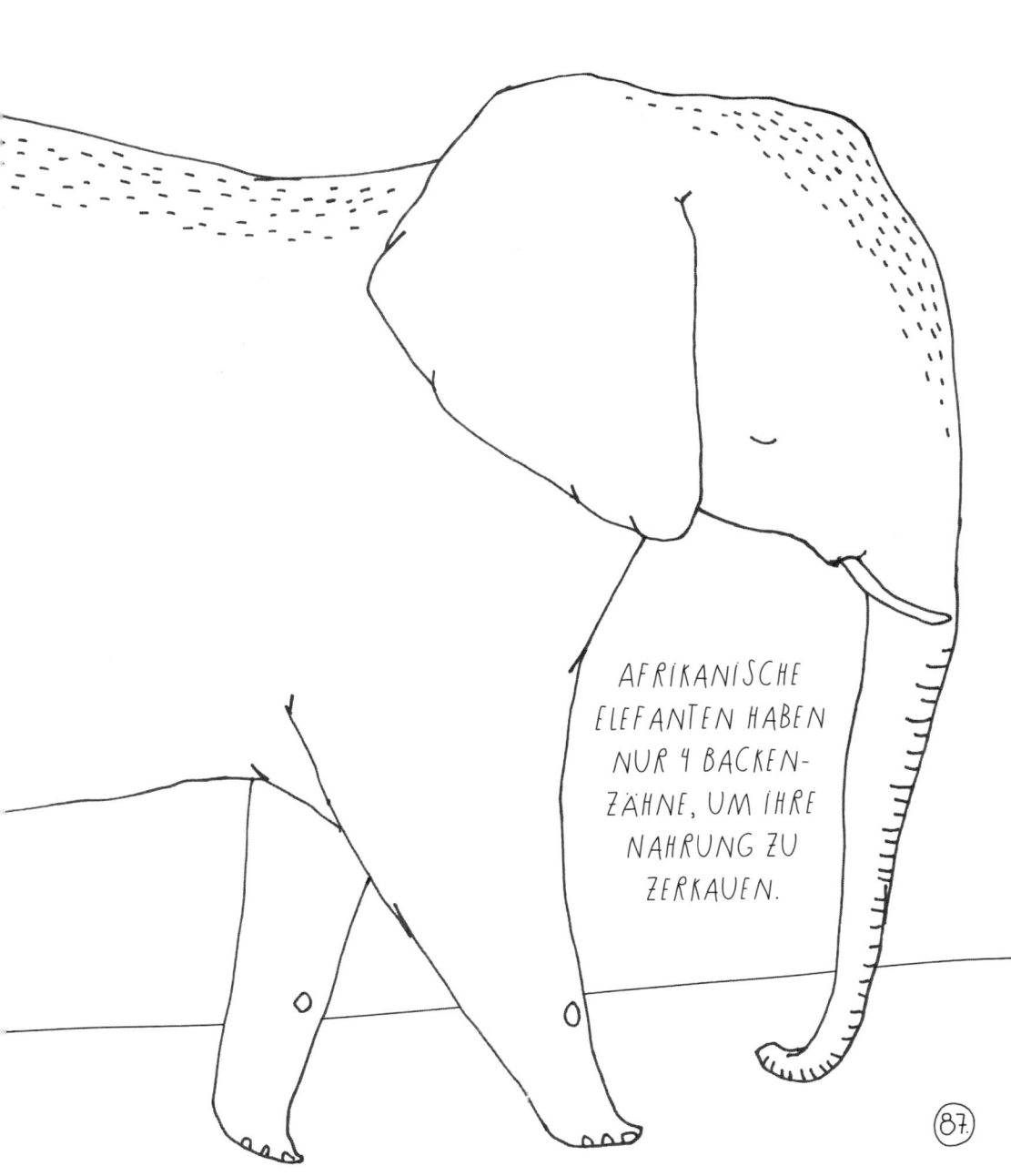

AFRIKANISCHE
ELEFANTEN HABEN
NUR 4 BACKEN-
ZÄHNE, UM IHRE
NAHRUNG ZU
ZERKAUEN.

HÜHNER SIND DIE ENGSTEN NOCH LEBENDEN VERWANDTEN DES TYRANNOSAURUS REX.

BiENEN

SCHLAFEN NiE.

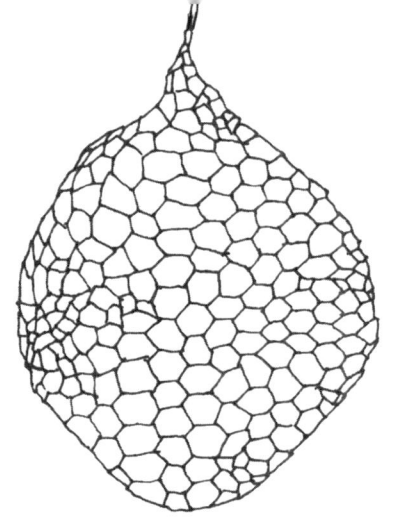

BIENEN MÜSSEN ÜBER
4 MILLIONEN BLÜTEN
BESUCHEN, UM
1 KILOGRAMM HONIG
ZU PRODUZIEREN.

HONIG KANN NICHT VERDERBEN. NIEMALS!!

BIS ZUM ENDE DES
17. JAHRHUNDERTS WURDE DIE
BIENENKÖNIGIN ALS "KÖNIG"
BEZEICHNET, DOCH DANN MUSSTEN
WISSENSCHAFTLER ZUGEBEN, DASS
ES TATSÄCHLICH EIN WEIBCHEN IST!

TIGER

HABEN AUF DER HAUT
DASSELBE MUSTER
WIE IM FELL!

SCHNABELTIERE
SIND KOMISCHE SÄUGETIERE, DIE
ES NUR IN AUSTRALIEN GIBT.

SIE HABEN EINEN
FELLBEDECKTEN
KÖRPER.

SIE HABEN
SCHNÄBEL!

UND
SCHWIMMHÄUTE AN DEN FÜSSEN.

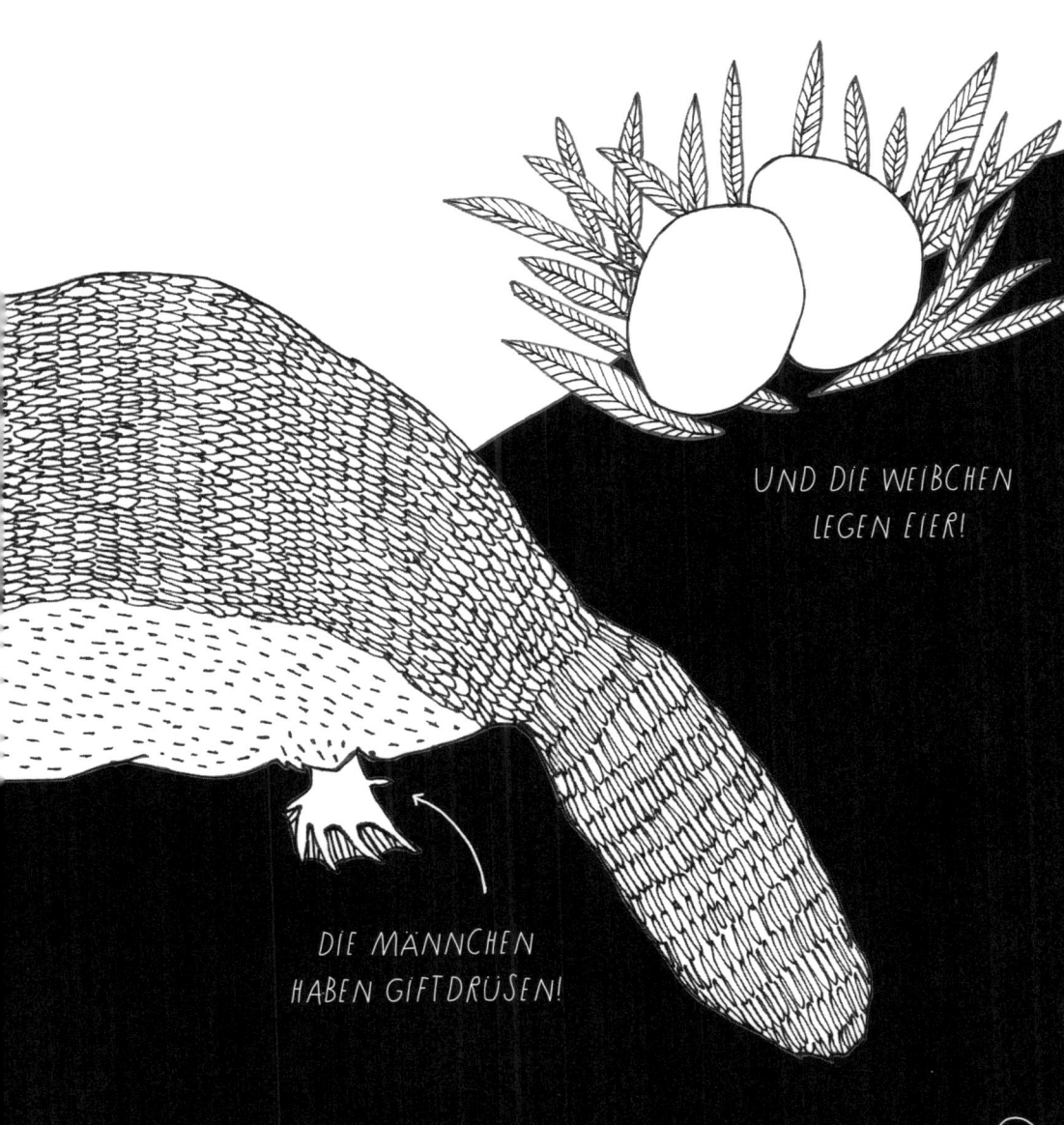

UND DIE WEIBCHEN
LEGEN EIER!

DIE MÄNNCHEN
HABEN GIFTDRÜSEN!

95.

KÜHE
KÖNNEN IM STEHEN SCHLAFEN, ABER TRÄUMEN KÖNNEN SIE NUR IM LIEGEN!

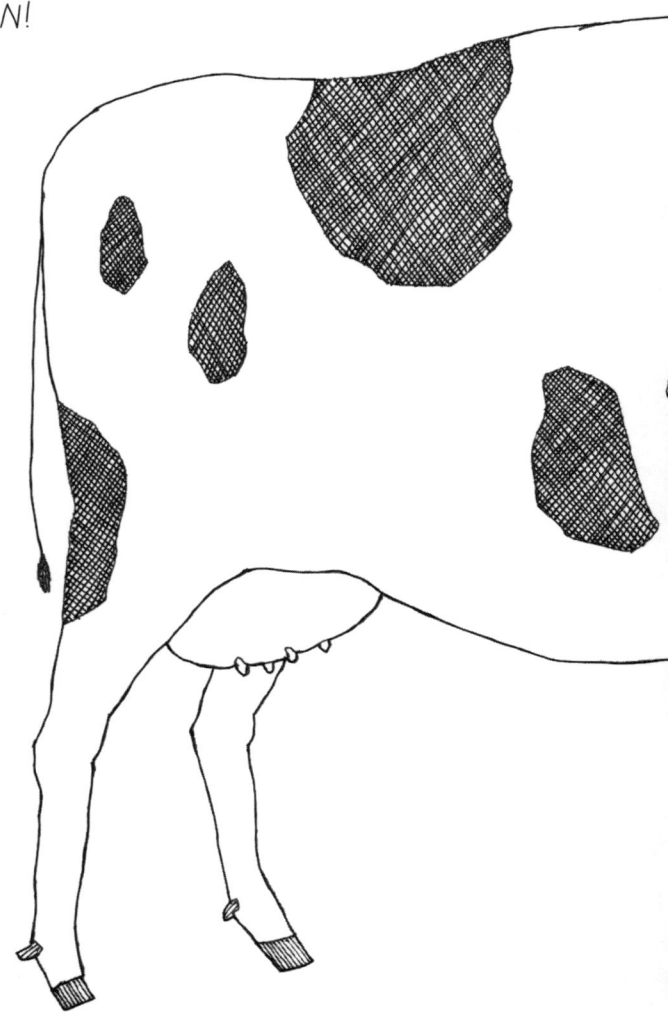

97.

GRASHÜPFER

HABEN FÜNF AUGEN.

AUGE
AUGE
NOCH EIN AUGE!

UND SIE KÖNNEN
ZWANZIG MAL SO HOCH
SPRINGEN, WIE IHR
KÖRPER LANG IST.

FLEDERMÄUSE

SIND DIE EINZIGEN SÄUGE-
TIERE, DIE FLIEGEN
KÖNNEN!

ES GIBT VIELE VERSCHIEDENE
FLEDERMAUSSORTEN (ÜBER 1.200
VERSCHIEDENE ARTEN)!

EINIGE SIND RICHTIG SÜSS!

UND EINIGE SEHEN EHER ZUM FÜRCHTEN AUS ...

KOALABÄREN
SIND GAR KEINE BÄREN!!

(SIE SIND NAHE VERWANDTE DER KÄNGURUS.)

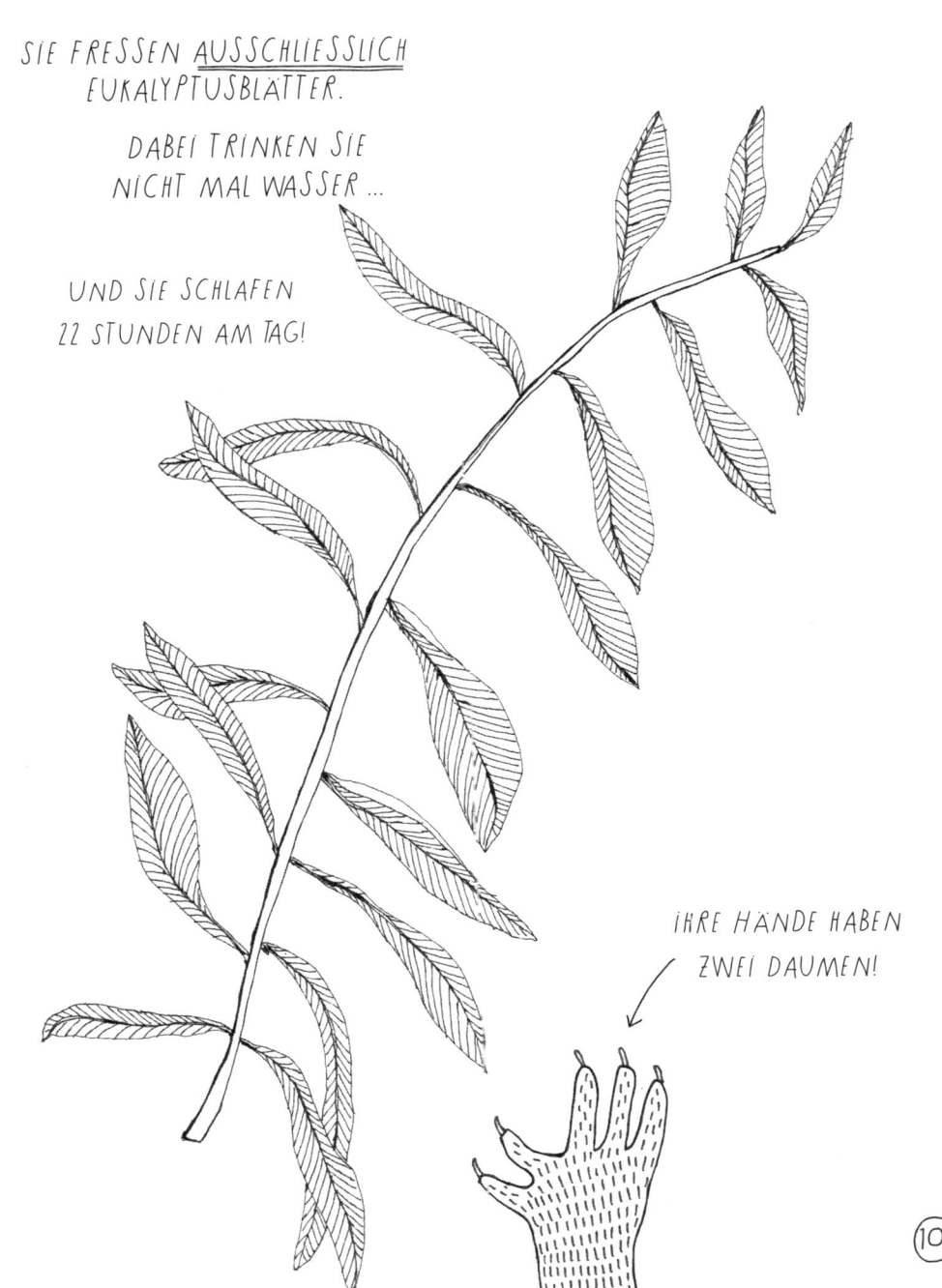

SIE FRESSEN <u>AUSSCHLIESSLICH</u> EUKALYPTUSBLÄTTER.

DABEI TRINKEN SIE NICHT MAL WASSER ...

UND SIE SCHLAFEN 22 STUNDEN AM TAG!

IHRE HÄNDE HABEN ZWEI DAUMEN!

FLAMINGOS
KÖNNEN NUR
KOPFÜBER
FRESSEN.

SIE PIESELN AN IHRE
EIGENEN BEINE, UM
DIESE ZU KÜHLEN!

FLAMINGOS
HALTEN SICH GERN
IN GROSSEN
GRUPPEN AUF.

ES WURDEN
SCHON ÜBER
EINE MILLION
FLAMINGOS AN
EINEM ORT GEZÄHLT!!

EIN ERWACHSENES
NASHORN
PRODUZIERT AM TAG ÜBER
20 KILO DUNG!

NASHÖRNER HABEN OFT VÖGEL
AUF DEM RÜCKEN.
DAS IST SEHR PRAKTISCH. DIE VÖGEL
PICKEN DIE NERVIGEN INSEKTEN
VON DER HAUT.

MADENHACKER

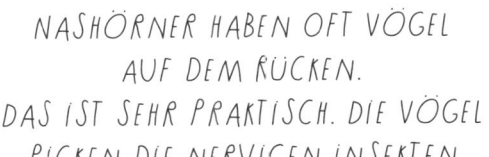

NASHORNJUNGE BLEIBEN
BEI IHREN MÜTTERN, BIS
SIE UNGEFÄHR DREI JAHRE
ALT SIND!

HAIEN
WACHSEN UNABLÄSSIG
NEUE ZÄHNE.
(BIS ZU 30.000 IM LAUFE
IHRES LEBENS!!!)

HAIMÜTTER VERLIEREN VOR DER
GEBURT IHRER KINDER DEN APPETIT,
DAMIT SIE NICHT IN VERSUCHUNG
KOMMEN, IHREN EIGENEN NACHWUCHS
ZU FRESSEN!

FAULTIERE SIND SO LANGSAM, DASS IN IHREM FELL GRÜNALGEN WACHSEN.

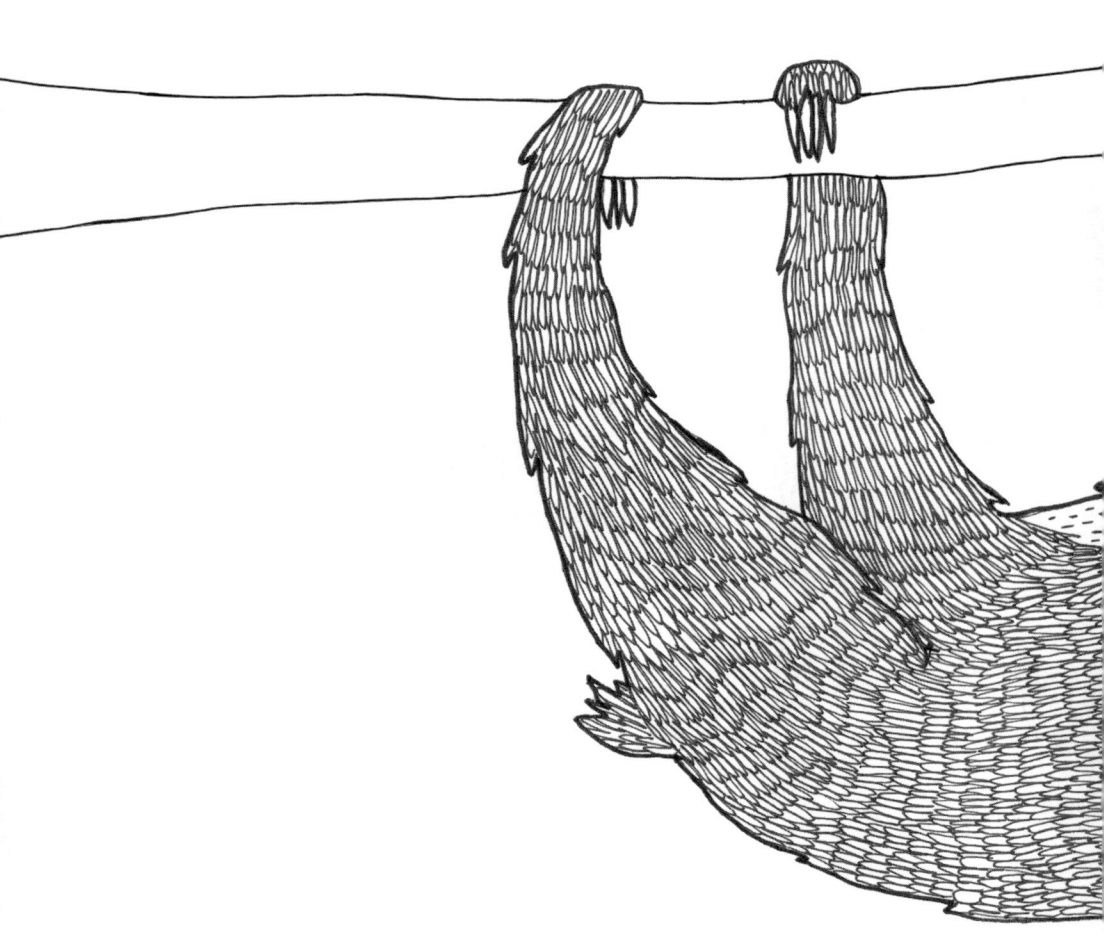

WEIL SIE FAST IHR GANZES LEBEN KOPFÜBER AM BAUM HÄNGEN, WÄCHST IHR FELL IN DIE ENT-GEGENGESETZTE RICHTUNG WIE BEI ANDEREN TIEREN!

SIE KLETTERN NUR EINMAL DIE WOCHE VOM BAUM... UM ZU KACKEN!

VIELE **KÜCHENSCHABEN** AN EINEM ORT NENNT MAN EINE INVASION!

KÜCHENSCHABEN KÖNNEN NOCH
VIER TAGE LEBEN,
NACHDEM IHNEN DER KOPF
ABGESCHLAGEN WURDE!

KÜCHENSCHABEN KÖNNEN
FAST ALLES FRESSEN,
ABER GURKEN MÖGEN
SIE NICHT...

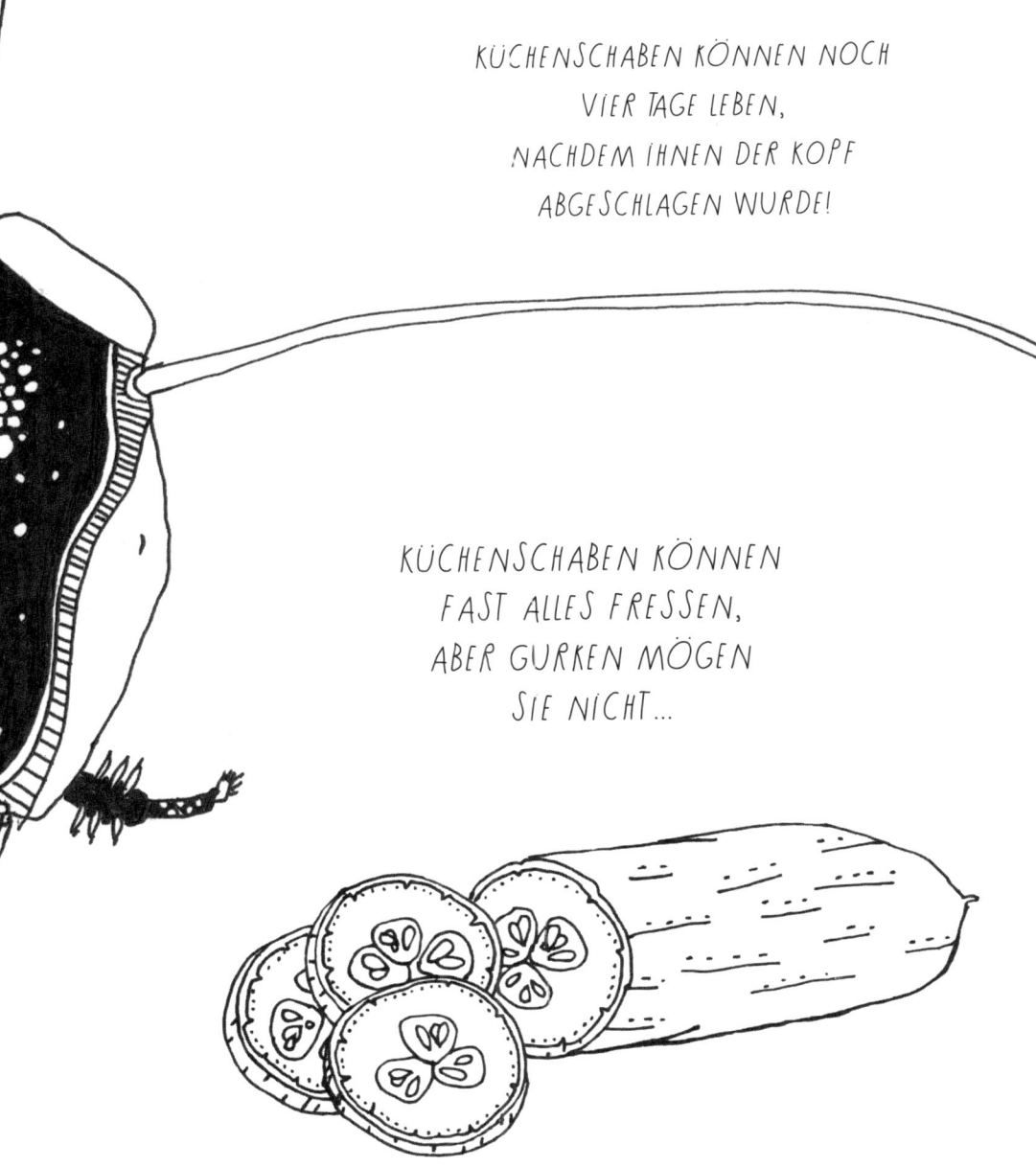

DAS FELL DER

EISBÄREN

IST GAR NICHT WEISS,
ES IST DURCHSICHTIG.
ABER IHRE HAUT
IST SCHWARZ!

DAS IST SEHR SCHLAU, DENN DIE SCHWARZE HAUT
NIMMT DIE SONNENWÄRME AUF, UND DAS
DURCHSICHTIGE FELL REFLEKTIERT DEN SCHNEE,
SODASS SIE MIT IHRER UMGEBUNG
VERSCHMELZEN!

SEESTERNE

HABEN KEIN GEHIRN.
ABER AN JEDEM
ARM VORN EIN AUGE.

DANKE

DANIEL,
FÜR ALLES.

JESSICA & ANNA, WEIL
SIE LANGE VOR MIR AN
MICH GEGLAUBT HABEN!

MARTIN EMTENÄS,
FÜR INSPIRIERENDES
FEEDBACK IM RICHTIGEN
AUGENBLICK!

KAITLIN, ALI & EMMA,
FÜR EURE LIEBE UND GEDULD! ES WAR
UNGLAUBLICH TOLL, MIT EUCH
ZUSAMMEN DIESES BUCH
ZU MACHEN!

TINI,
FÜR DEINE
ENDLOSE POSITIVE
ENERGIE!

CARL, FÜR DIE
GANZE HILFE!

STELLA, ALBERT,
MAMA, PAPA,
FÜR EURE NIE ENDENDE
UNTERSTÜTZUNG!

ALEXANDRA
VON SCHWERIN,
FÜRS
GUTE ZUREDEN!

JONAS WAHLSTRÖM,
FÜR DEINE SACHKENNTNIS!

MAJA
SÄFSTRÖM

MAJA
LEBT ALS ARCHITEKTIN
UND ILLUSTRATORIN
IN STOCKHOLM. IHRE
WITZIGEN TIERZEICHNUNGEN
HABEN FANS IN DER
GANZEN WELT. MEHR
VON IHR AUF:

WWW.MAJASBOK.SE

119

Die amerikanische Originalausgabe erschien 2016 unter dem Titel
»The Illustrated Compendium of Amazing Animal Facts« bei Ten Speed Press, New York.

Sollte diese Publikation Links auf Webseiten Dritter enthalten,
so übernehmen wir für deren Inhalte keine Haftung,
da wir uns diese nicht zu eigen machen, sondern lediglich
auf deren Stand zum Zeitpunkt der Erstveröffentlichung verweisen.

MIX
Papier aus verantwor-
tungsvollen Quellen
FSC® C083411

Verlagsgruppe Random House FSC® N001967

PENGUIN und das Penguin Logo sind Markenzeichen
von Penguin Books Limited und werden
hier unter Lizenz benutzt.

3. Auflage 2018
Copyright © 2016 by Maja Säfström
Copyright © der deutschsprachigen Ausgabe 2017
by Penguin Verlag,
in der Verlagsgruppe Random House GmbH,
Neumarkter Straße 28, 81673 München
This translation is published by arrangement with Ten Speed Press,
an imprint of the Crown Publishing Group, a division of Penguin Random House LLC.
Covergestaltung: www.buerosued.de nach einem Entwurf von Maja Säfström
Coverillustrationen: Maja Säfström
Satz: Reproline mediateam GmbH & Co. KG
Druck und Bindung: CPI books GmbH, Leck
Printed in Germany
ISBN 978-3-328-10152-9
www.penguin-verlag.de